Maria Anna Ast

steinschwer & federleicht

Liebesschmerz-Gedichte

AF285898

Zu diesem Buch:

Gut 10 Jahre fragte mich meine Mutter in regelmäßigen Abständen: „Erleve ick dat noch oder in düssen Leben nich mehr?" Der 85. Geburtstag meiner Mutter war offensichtlich Anlass genug für mich, die erste Herausgabe 2008 zu wagen.

Gedichte verdichten: Leid, Freude, Erkenntnisse, Lebenserfahrungen. Sie sind sehr persönliche Zeugnisse von eigenen Entwicklungsschritten. So dauerte es eine Weile, bis ich sie aus dem kleinen Kämmerlein in die Welt geben wollte: mit genug Abstand und dem Wissen, dass sie – ähnlich wie Bilder eines Malers– immer nur Momentaufnahmen sind.

Ich liebe Worte: geschrieben, gesungen, gelesen, geschwiegen. Mögen meine die Seele und Herzen der Menschen, die sie lesen, erreichen.

Maria Anna Ast - März 2011

Die Autorin:

Maria Anna Ast, Jahr 1954, arbeitete in diversen kaufmännischen Berufen, bevor sie sich mit 50 Jahren als Persönlichkeitscoach in Bielefeld selbständig machte. Sie verfasst Gedichte, Artikel, Heiter-Ironisches, u.a. in ihrem Lebenskunstblog www.blog.maria-ast.de.

Weitere Infos und Kontaktaufnahme unter:
www.maria-ast.de

Für meine Mutter,
von der ich lernen durfte, was es meint,
ein geradliniger Mensch zu sein.

Copyright©2011: Maria Anna Ast
Erstauflage (privat): März 2008
Herstellung und Verlag: Books on Demand GmbH, Norderstedt
Gestaltung: Claudia Vogt, Spenge
ISBN: 978-3-842-36124-9

Maria Anna Ast

steinschwer & federleicht

Liebesschmerz-Gedichte

Inhalt

Stagnation   9

Dilemma   39

Suchen   55

steinschwer & federleicht   77

Stagnation

Herz-Los

Bin mein Herz los
Bin sozusagen ‚herzlos'
Du hast es mir geraubt
In endlos schlaflosen Nächten
Nichts bleibt zurück
Außer Leere
Und ein bitterer Geschmack
Im Mund und in der Seele
Ich schlucke schwer daran

Game over

Ist besser so
sei doch froh
dumme kuh
gib jetzt ruh
schließ dich zu
war doch nix
mailwortmix
vergißt du fix
bleibt halt nix

oder ?

gar kein scherz
dieser schmerz
liebe tot
herz in not
gibt kein brot
such ein lot
ins morgenrot

No Risk, No Fun

Wieder alles riskiert und:
Schach!
Kein Spatz in der Hand und
keine Taube auf dem Dach.
Wieder ,alles auf Schwarz' gewählt,
wieder mal hat nur ,Rot' gezählt.
Wieder in die Sehnsucht gerufen,
wieder kein Echo zu verbuchen.
Wieder alles riskiert und mehr:
Will keinen Spatz in der Hand –
und der Platz auf dem Dach
bleibt leer...

Stagnation

Kein Wort steigt nach oben
Alle Gefühle komprimiert
Gefangen im Innern

Der Druck erhöht sich
Schwermut dreht sich im Kreise
Und ich weiß, wie das ist

Schrei leise!

Zwischenbilanz

Soso, du gehörst also auch zu denen,
die ‚danach' schweigen
und dazu neigen,
so zu tun,
als wäre ‚nichts' gewesen.

Ich lodere derweil in Flammen.
Doch alles zusammen
genommen
habe ich viel
bekommen
(an Glück und Seligkeit).

Ohne Reue
und ohne Bitterkeit
trete ich zurück
in die Einsamkeit;
schließe die Tür leise zu.
Gib, wartendes Herz,
endlich Ruh!

Trau dich

Trau dich zu träumen,
was andere versäumen.

Trau dich zu sagen,
was andere nicht wagen.

Trau dich zu leben,
dein eigenes Tuch zu weben.

Trau dich zu weinen,
auch wenn andere meinen,

du hättest allen Grund zum Lachen;
wer sieht dich schon des Nachts wachen,

mit klopfendem Herzen,
wo Welten zerbersten,

fein gebündelt in dir.

Belagerung des Herzens

Wie ich es hasse, dieses Gefühl,
was kommt und nicht geht,
so wie ich es will.

Es überfällt mich schier Panik an solchen Tagen,
kommt und belagert mich
sozusagen.

Und alle Gedanken ein einziger Kreis,
der sich um mein Herz legt,
kälter als Eis.

Nebel aus Trauer hüllen mich ein,
keine Sonne, kein Mond mehr,
kein Sternenschein.

Und Tränenmeere stürzen heran,
kann nicht entfliehen,
bin in ihrem Bann.

Doch plötzlich und hell wie ein Komet,
ziehen die Schatten,
die Finsternis geht.

Dann fühl ich tief in mir,
alles hat (s)einen Sinn –
und danke Dir, Gott, dafür,
dass ich bin.

Sintflut

Mein Herz ist so voll
- zu voll -
mit Gedanken an dich.
Ich fürchte jeden Moment,
dass es überläuft,
durch die Straßen fließt
und jeder sehen kann:
Schuldig!
Sie ist es,
die den reißenden Strom schickte,
der alles zerstört.

Fazit einer Konjugation

Sie lieben sich.
Ihr liebt euch.
Wir lieben uns.
Er, sie, es liebt sich.
Ich liebe dich.
Du liebst dich.

... doch nicht mich!

Wovor ich mich fürchte

Schon fast überwunden,
diese raumzeitleeren Stunden,
wo du glaubst zu verglühen -
oder zu erfrieren.

Fast schon vergessen,
dieses Kriechen auf allen Vieren,
und schon ahnend, kein Einlass,
du kannst nur verlieren.

Du fürchtest nur noch jenen Ton:
ein dröhnendleises Widerhallen,
das dir sagt,
deine *eigene* Tür
ist unwiderruflich
ins Schloss gefallen!

Balance-Akt

Seele voller Trauer
Herz ganz flügellahm
Noch ein Tag, ein grauer
Auf meiner Lebensbahn.

Augen voller Tränen
Lippen fest und stumm
Rundherum Hyänen
Dreh dich bloß nicht um.

Tritte auf der Stelle
Seil zum Zerreißen gespannt
Kein Netz für alle Fälle
Was starrt ihr so gebannt?

Realität oder Was schmerzt

Alle Realität ist relativ und subjektiv.
Wie der Schmerz.
Nicht die Tatsache,
dass *ich* es nicht bin,
und dass es *das* nicht ist,
was du suchst,
schmerzt.
Das auch.
Aber,
was wirklich
herztief verwundet,
ist die Lieblosigkeit
deiner Abschiedsworte.

The End of The Affair

Das letzte Gespräch:
zwei Menschen -
dazwischen ein Tisch.
Versuche, die Distanz zu brechen,
bevor die Nähe gänzlich erlischt.

Seh dich zum ersten Mal
nicht als Mann.
Spüre meine Kraft
und dass ich Mauern einreißen kann.
Ohnmächtig gegen meine Offenheit,
seh ich hinter gequältem Lächeln
deine Verletzlichkeit.

Kinder-Ängste

Trotz aller Erkenntnis
(die ich mir täglich 1000 mal sage:
Ich bin erwachsen!)
überfallen und lähmen mich
Uraltkinderverlassenheitsängste.
Bemühe mich,
dieses verängstigte Kind anzunehmen,
lieb zu haben.
Damit ES und ICH
endlich erwachsen werden können!

Stormy Weather

Ist schon okay,
das war's dann wohl.
Schluss, Aus, Ende.
Lebe wohl.
Hals und Magen,
Augen brennen,
können kaum das Licht erkennen.
Fühl mich dunkel wie im Turm.
Draußen heult der Abschiedssturm.

Oktobermelancholie

Oktobermorgen
Bäume im rosa Morgennebel
So suche ich dich
Immer wieder
Träumend, der Märchenprinz
Möge doch noch aufsteigen
Aus dem Projektionsnebel
Wie durchbrechender Sonnenglanz

Mädchenmärchenträume
Ich sollte sie endlich im
Herbst meines Lebens begraben
Und in einen strahlend klaren Wintermorgen gehen

Immer dasselbe

Warten
Immer dasselbe
Kenne ich schon
Die Zeit spricht
meiner Hoffnung Hohn

Schweigen
Immer dasselbe
kenne ich schon
Die Stille spricht
meinem Glauben Hohn

Leiden
Immer dasselbe
kenne ich schon
und alles
was von der Liebe bleibt
ist wieder
Resignation

Gefühlsduselei

Gefühlszweierlei
                    - einerlei
                        - weinerlei
                            - au wei

Au!

WUT

Wut wütet in meinen Eingeweiden
Ohne Punkt und Komma
Treibt den Blutdruck in potenzierte Höhen
Lässt das Blut durch die Adern rasen
Zerfrisst die Magenwände
Staut die Energie in der Körpermitte
Kein Fluss mehr
Keine Verbindung
Im Kopf braust es
Balle die Fäuste
In ohnmächtiger Wut
Ohnmächtig = ohne Macht?
Pah! Zieh dich warm an!
Habe gerade entdeckt
Dass Wut ungeahnte Kräfte weckt
Mich zur Riesin wachsen lässt, Zwerg, du
Schieße Pfeile aus meinen Augen
Sie sollen dir die Ruhe rauben
Bin ganz bei mir!
Bei *mir*!

Keine Erlösung

Worte stauen sich in mir,
türmen sich auf zu Tränenbergen,
drücken mit irrer Kraft
gegen die Seelenfenster,
gegen die Kehle,
gegen die Augen:
Brodelnder Wörterbrei
unter der Gedankenmasse.
Bin solange gefangen,
bis ich das Losungswort finde.

Mit dem Rücken zur Wand

Ich wünschte
du würdest merken
dass ich mit dem Rücken zur Wand kämpfe
fassungslos um Fassung ringe
keine anderen Werkzeuge
als meine Worte
um mich zu schützen
vor meiner Angst
vor der Sinnlosigkeit und der Leere
die ich nicht haben will
und die ich verstecke
vor dir und mir
aus Angst
vor der Sinnlosigkeit und der Leere
die wäre
wenn du nicht mehr da wärst.

Lange nicht mehr
habe ich mich so zerbrechlich gefühlt
und so einsam allein.

Nach dem Bruch

Ich warte auf die Tränen,
durchbrechend altes Sehnen.

Ich warte auf die Wut,
löschend die Trauerglut.

Ich warte auf Befreiung,
erreichbar durch Verzeihung.

Ich warte immer wieder
auf Frieden.
Zwischen dir und mir.

Ohne Kampf und ohne Sieger.

Trauerzeit für eine gestorbene Liebe

Ich find keine Worte für
diesen Zustand
nach dem Verlassenwerden,
diesem tiefen Selbstzweifel
nach dem Zurückgewiesenwerden,
diesem Gefühl des freien Falls
im vollen Wissen: der Aufprall
wird so schmerzhaft wie bei jedem Mal.

Jeder Tod einer Liebe
tut neu weh, will
neu bewütet,
neu beweint,
neu betrauert werden.

Ende in Raten – oder Der Triumphator

1.
Musstest noch mal verletzen,
kalte Worte auf mich hetzen.

2.
Was schön war zwischen uns:
Getötet durch dein Schweigen.

3.
Wolltest mir wohl zeigen,
wer Herr im Zweikampf ist.

4.
Hattest gar nicht mitgekriegt:
Du hattest schon längst gesiegt.

5.
Fazit:
Nach Kriegen sind wir nie mehr dieselben.
Ich verzichte auf solcher Art Helden.

Nach dem Abschied

Endlos
liegt die Zeit vor mir,
die ich brauchen werde,
um dort anzukommen,
wo ein neuer Anfang liegt.

Eisige Liebe

So kreativ
war ich nie
bis ich sie
wiedertraf

Wie eh und je
unterm Feuer der Schnee
brannte
so lodernd, so heiss
die Decke aus Eis
hielt
klirrendes Schweigen
gefangen

Ein Brandzeichen
ins ewige Eis geritzt:
Du warst gegangen!

Dilemma

Fifty-Fifty

Welche Qual,
hab heut keine Wahl.
Neue Tränen vergossen,
für Liebe,
die längst verflossen.
Na dann,
vielleicht beim nächsten Mal...

Kopf oder Zahl?

Schlaflose Nacht

Sich vor Sehnsucht verzehren.
Pah, kitschig, altmodisch.
Überholt der Ausdruck.
Cool, lässig, über den Dingen stehen.
Abstand wahren.
Keine Gefühle zeigen.

Doch ich...
　　　verzehre mich
　　　　　vor Sehnsucht
　　　　　　　nach Dir!

Nur ein einziges Mal

Sehnsucht lässt sich nicht befehlen,
sie kommt und sucht dich heim -
geballt oder allein.

Rücksicht kennt sie nicht,
auch wenn du dran zerbrichst,
weil du nicht mehr „sein Alter" bist.

Wie schade.
Nur ein einziges Mal
hätte ich dich gerne geküsst.

Dilemma

Hirn contra Herz.
Ich fühle den Schmerz.
Trotz aller Ratio,
bin ich nicht froh!

Labyrinth des Herzens

So verworren,
so leer,
so übervoll,
so zusammengeschnürt,
so spürbar,
mein Herz,
warst Du lange nicht mehr.

Und doch:
Will keine geraden Wege.
Lieber Irrwege als Stillstand!

Oder?

Jahreszeiten einer einseitigen Liebe

Auch Sonnenschein und Eiskristallgeglitzer
trügen nicht darüber hinweg:
Die Eiszeit beginnt,
ehe es Frühling,
geschweige
ein voller, satter Sommer war.

Bitter die Erkenntnis,
mal wieder
allein
im Herbst meiner Gefühle
gefangen zu sein.

Attacke!?

Märchenprinz, schöner, junger.
Meine Augen blicken
sehnsuchtsvoll in deine grünen.
Doch kein Aufleuchten signalisiert mir,
dass du verstehst.
Ich spüre nur deine Angst
vor so viel Nähe.
So mächtig deine Mauern.
So schwach und verletzlich
meine Waffen.

Werde ich wieder vor Toren frieren müssen?

Nachtgedanken

Ob einer wohl irgendwo wacht,
genauso wie ich in dieser Nacht?
Ob er an mich denkt,
so wie ich an ihn?

Vielleicht, ohne es zu ahnen,
treffen sich unsere Bahnen,
im Chaos der Äonen,
wo unsere Träume wohnen.

Schuldig

Feuer entzündest du,
das macht dir Spaß.
Doch nicht nur für Gott,
ob du das vergaßt?
Erweckst in mir
nie geahnte Triebe,
oder fällt das bei dir
unter Nächstenliebe?
Dann lies nach im „Kleinen Prinz"',
dass du für das,
was du zähmst,
verantwortlich bist!

Ping-Pong

Mein Zeichen   -   Kein Zeichen
Meine Zeichen   -   Keine Zeichen
Meine Worte   -   Keine Worte
Meine Gesten   -   Keine Gesten
Meine Türen: -   Deine Türen:
weit geöffnet   -   dreifach verriegelt
Meine Schlüssel: -   Deine Schlüssel:
verloren für immer!   -   verloren für immer?

Rosenmontag

Minuten, Stunden, Tage – vergangen.
Gefühle, Träume, Sehnsüchte – geblieben.
Im Rausch, bei allen anderen Küssen,
nur wieder an dich gedacht.
Habe gelernt:
Ich kann Gefühle nicht zukleistern,
Schicht auf Schicht auf Schicht
mit anderen.
Immer scheinst du durch.
Wie Licht oder Feuer.
Bis ich selber wieder brenne.
Lichterloh!

Ins Leere lieben

Ins Leere lieben
Ohne Resonanz
Ich fühl mich so halb
Und wär so gern ganz
Eins mit Dir
Als Yang und Yin
Damit ich endlich einmal
Ein Ganzes bin

Zwischenraum

Zwischen Hoffen und Bangen:
Resignation.

Zwischen Resignation und Hoffen:
Bangen.

Zwischen Bangen und Resignation:
Hoffen.

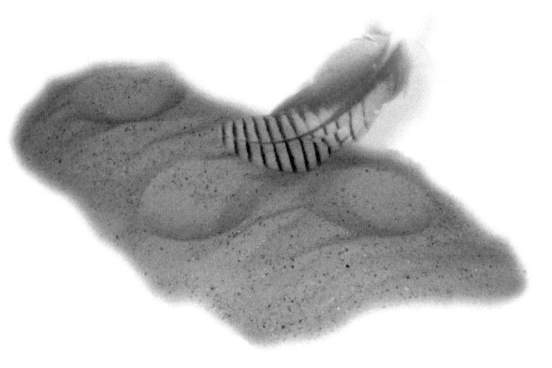

Suchen

Wieviel ist genug?

Lausche dem Schweigen:
es brennt und löscht.
Gleichzeitig.

Wieviel davon brauche
ich noch von dir?
Als Antwort.
Bis ich zu Asche verglühe?

Für einsame Stunden (für V.)

Ich wollte dir soviel Liebe schenken,
Du hast sie dankend abgelehnt,
So viele Worte, die mich kränkten,
Und ich hab mich so nach dir gesehnt!

Längst habe ich dir still verziehen;
Ich weiß nicht einmal genau, was.

Und doch, ich wollte dir noch sagen,
Wenn Einsamkeit dich mal umgibt,
Dann sollst du wissen,
Es gibt da eine,
Die hat DICH einmal geliebt.

frage

wo steht das geschrieben
ich darf nur einen lieben

wo steht das geschrieben
du musst mich wiederlieben

Gewinner?

Alle Runden
inklusive meiner Wunden
gehen an dich.
Gratuliere,
du denkst,
ich verliere,
doch
im Gegensatz zu dir,
kapiere
ich die Lektion:

Die Liebe ist der Liebe Lohn.

Hoffnungs-Los

Wieder ein Morgen,
wo ich halbgelähmt hoffe.
Auf Nachricht von dir.
Entgegen jeglicher Hoffnung,
die du mir gemacht hast.

Welch lähmende Macht die Hoffnung hat!

Zwischen
Warten - Ausharren - Aufgeben
halt einen Augenblick inne -
und dann befreie dich.
Geh hoffnungs-los
deinem Ich entgegen!

Vor dem Aufbruch

Halt durch, halt aus,
nur noch eine kleine Weile.
Ich fühl mich so müde,
ich fühl mich so leise.

Nur das Herz pocht noch
hart und laut, doch
nicht mehr gegen deine Tür,
nein, nur noch in mir.

Suchen

Ach, bis halb vier träum ich noch;
nur ein Viertelstündchen, doch,
soviel Zeit muss sein.

Lasse Pflichten mich versäumen,
meine Seele sich leer träumen -
Wirklichkeit? Nur Schein!

Träum mich hinter Wolkenberge,
such die sieben Weisheitszwerge,
wo magst du wohl sein...?

Weiß doch:
Immer such ich eigentlich,
nah und fern und ewiglich,
in dem DU
stets auch das MICH.

Verspätete Einsicht oder Mein und Dein

Ich wollte dein Weg sein und dein Ziel.
Nun sagst du mir, das sei ich nie gewesen.
Hab Dank!
Endlich suche ich *meinen* Weg
und *mein* Ziel.

Treue-Bruch

abgründig   -   aufgründig
tiefgründig   -   hochgründig
verbündig   -   entbündig
sündig?   -   mündig!

Aufbruch

Ich gehe fort.

Wortkiesel
streue ich
auf den Weg,
für jene,
die mich
finden wollen.

Feeding the Hungry Heart

Wo bleibt meine Liebe,
die ich ins Universum schleudere,
wenn ich überquelle von ihr?
Trifft sie jemanden?
Und wen?

Wo bleibt meine Bedürftigkeit,
die ich ins All schleudere,
wenn es mir an Liebe mangelt?
Hört sie jemand?
Und wer?

Oder,
ist es dann
meine eigene Liebe,
die aus der Unendlichkeit
zurück findet
zu mir?

Feeding the Hungry Heart (eigene Übersetzung)

Where does my love go
when I toss it up into the universe
because I swim with love?
Does it find someone?
And whom?

Where does my neediness go
when I throw it into the outer space
because I lack love?
Does somebody hear it?
And who?

Or
is it
my own love
which comes back to me
far from
the infinite?

Geschenke

Du ahntest wohl nicht,
welch bittersüßes Abschiedsgeschenk
du mir machtest:

Der Panzer bricht.
Die Verletzung und die Ablehnung,
der alte und neue Schmerz des
Zurückgewiesenwerdens
fließen ineinander,
überfluten Herz und Gefühl.

Ich halte ihn aus.
Alleine.
Nur für mich.
Nur mir gehört er.
Niemand kann ihm mir nehmen.
Nicht einmal du.

Ich bin bei mir angekommen. Endlich.

Eine neue Zeit

Auch eine neue Zeit
beginnt mit einem! ersten
neuen Tag
Tag für Tag neu wagen
das Leben anzunehmen
meine Schwächen
meine Fehler
meine Sehnsucht
meine Verletzlichkeit
meine Traurigkeit
mein Hadern
mit mir
mit Gott
meiner Liebe
zu dir
zu mir
zu uns

Touché (Elfchen)

Unerwartet
Die Nähe
Vergessen geglaubtes Gefühl
Durchströmt meinen ganzen Körper:
Touché!

Hungrig nach...

bin hungrig auf das Leben
will noch nicht Ruhe geben
will noch mit Freunden lachen
verrückte Sachen machen

bin hungrig auf das Leben
will noch nicht klein beigeben
will noch mit Lodern fühlen
die Liebe – nicht erkühlen

bin hungrig auf das Leben
will noch mit dir mal reden:
über Gestern und das Morgen
über Glück und über Sorgen
über dich und mich

und eben:

über Tod und
über Leben

Morgen

Es fällt mir schwer,
es heute mit mir auszuhalten.
Treffe nicht Schwester Lustig
oder Frau Leichtigkeit.
Die alte Dame Melancholie
zieht nebelgleich durch mein Gemüt,
lähmt Antriebskraft und bremst
die Lebensfreude – und den Lebenshunger.
Wie Ballast ruht die Schwere auf meiner Seele.
Hab für heute vergessen, wie das geht:
Ballast abwerfen.
Schau mir zu, wie ich mich damit abquäle,
fassungslos, dass mir diese
‚leichte' Übung nicht gelingt.

Morgen.
Morgen werde ich aufstehen
und das Schmerzsäckel zurücklassen,
dort,
von wo ich losgehe.

Meine Sicht – Deine Sicht (der Bäume oder der Liebe)

Was du Sucht nennst, nenne ich Leidenschaft.
Was du Festhalten nennst, nenne ich Treue.
Was du überfahren nennst, nenne ich mich einlassen.
Was du dramatisch nennst, nenne ich intensiv.
Was du Schweigen nennst, nenne ich Feigheit.
Was du Freiheit nennst, nenne ich Trägheit.

Merke:
Jeder Baum sieht anders aus,
je nachdem, ob du ihn
aus Osten oder Westen betrachtest.

Aber:
Es ist dennoch derselbe Baum!

Der Schnitter

Warum meldest du dich?
Was hat so viel Gewicht?
Reicht dir die Stille nicht?

Hast doch eindeutig rübergebracht,
meine Melodie sein unangebracht
und schräg und völlig daneben.

Und damals dein Wort,
ich sei doch der Ort,
wo beim ersten Sturm
jeder Same verdorrt,
unfähig zu fruchtbarem Leben.

Du bist wie ein Schnitter,
meinst, Ähren und Lieder erzittern,
wenn das Zischen deiner Sense erklingt.

Doch kein Schwert und kein Degen,
kann meine Melodie erlegen:
Horch, wie das Schweigen singt...

steinschwer & federleicht

Lebenskarussell

Alles dreht sich,
alles bewegt sich.
Nur ich steck fest.

Alle dreh'n sich,
alle beweg'n sich.
Nur ich steck fest.

Allein vom Zuschaun
wird mir schon schlecht.

Wintertag

Scharfe Mondsichel nach frostklarer Nacht.
Weiße Puderschichten auf Dächern und Feldern.
Rosafarbener Osthimmel.
Kalt und klar zieht der Morgen herauf.

Silberweiße Kondensstreifen am Firmament -
zwei Parallelen in der Unendlichkeit.

Ob sie sich je treffen?

Ob wir uns je treffen?

Subtraktion I oder Ohne-dich

Zwei-Samkeit
minus
Ein-Samkeit
gleich
Einsamkeit

Subtraktion II

So schlimm
Ist es auch wieder nich:
WIR minus
DU ergibt immer noch:
ICH!

Marienvogelflug (für J.)

steinschwer
mein gemüt
zuversicht weit weg
klebe am boden
flügellahm

federleicht
das leben
heute gelingt alles
ziehe kreise am himmel
schwerelos

Aus der Art geschlagen

Wenn alle im Trüben angeln,
dicke Fische im Süßwasserteich,
und sich durch ihr Leben hangeln,
bequem und artig und reich,
dann, Herr, hilf meiner Seele,
bewahr mich vor Sattheit und Schein,
gib, dass ich den schweren Weg wähle,
muss ich auch die Salzträne sein.

Ikarus I

wieder der Sonne zu nahe gekommen.
flügellos
stürze ich
durch zeitlose Welten
zurück
zu mir.

Ikarus II

fliegen will ich...
auch wenn ich 1000 mal abgestürzt bin
ich suche immer noch die Sonne
schnitze mir Flügel
schmelze neuen Wachs
stürze mich erneut in die Tiefe -
zu neuen Höhen
oder zum Niedergang

Spätherbst I

das schöne Glücksgefühl
verblasst
wie Novembernebeltage
schlucken
Kälte und Herbstgrau
alles Lachen
erstarrt
in stummem Schweigen
zu Ende der Sommerreigen

Spätherbst II – oder Altweibersommer

Frau sollte nicht
so spät im Herbst
noch Blüten treiben.
Frost droht allen,
die zu lange bleiben.

Und doch,
noch einmal blühn
als roter Farbtupfer
im Nebelgrau.
Vielleicht bleibt jemand stehn,
der erstaunt sagt:
Schau!

Abendweise

Müde suche ich nach Wörtern,
die nicht fließen wollen.
Geb es auf für heute.
Morgen, liebe Leute,
ist ein neuer Tag.

Dann fließen die Worte,
von jener Sorte,
die Gewicht haben,
dass es Freude macht.

Aber, für heute:
Gute Nacht!

Ein neues Tagebuch

Leere Seiten,
ungeahnte Weiten der Seele
breiten sich Buchstabe für Buchstabe aus.
Tragen wie Flüsse
des Lebens Leiden und Süße,
hier träge, dort reißend,
aber immer verheißend,
Richtung Strom und Meer.

Drum sei nicht bang,
ist der Weg zum Meer auch lang.
Dein fernes Sehnen
nach Sich-verströmen,
es findet sein Ziel.

Beweis

Hab ich auch keine Spur am Himmel gezogen,
so weiß ich doch, ich bin geflogen, geflogen!

„...hab noch soviel Mitternacht
sprachlos vor mir liegen."
Konstantin Wecker

Nie werde ich
die Intensität
deiner Verse erreichen,
die meine Seele erweichen
und Maßstäbe eichen
unter der Haut.

Launisches Wetter

Wetterwendisch
sagt man wohl zu Wettern,
die sich unerwartet wenden
und nicht einzukalkulieren sind.

Wetterwendisch mein Leben:
Blitz und Donner,
Stürme und Hagel zuhauf.

Es könnten sich doch auch mal
Sonne, Mond und Sternstaub zusammen tun
und sich geballt über mich ausschütten.

Alle Wetter: Das wäre launig!

Baumlied

Schmiege mich an dich.
Füße auf dem Boden
wünsche ich mir,
du mögest deine Rinde öffnen
und mich umhüllen, einhüllen.

Rau und knorrig wäre ich dann außen;
doch drinnen,
zart und unsichtbar,
stiege der Saft aus Wurzelfüßen
aufwärts zum Herzensblau.

Wind of Change

Du auch
mach's gut
leb wohl
wie hohl
das klingt
zuende die Melodie
zu spät
zu früh
du weißt nie
welch Lied
dir winkt
wenn der
Ostwind singt

Nichts ist je zuende
du Tor
an dein Ohr
unerwartet und leise
dringt
neu die alte Weise
wärmer
aus Süden
als je zuvor!

Titel	Seite
Abendweise	88
Attacke!?	46
Aufbruch	65
Aus der Art geschlagen	83
Balance-Akt	21
Baumlied	93
Belagerung des Herzens	16-17
Beweis	90
Der Schnitter	74
Dilemma	43
Ein neues Tagebuch	89
Eine neue Zeit	69
Eisige Liebe	36
Ende in Raten oder Der Triumphator	34
Fazit einer Konjugation	19
Feeding the Hungry Heart - deutsch	66
Feeding the Hungry Heart	67
Fifty Fifty	40
frage	58
Für einsame Stunden	57
Für Konstantin Wecker	91
Game over	11
Gefühlsduselei	28
Geschenke	68
Gewinner	59
Herz-Los	10

Titel	Seite
Hoffnungs-Los	60
Hungrig nach...	71
Ikarus I	84
Ikarus II	85
Ins Leere lieben	51
Immer dasselbe	27
Jahreszeiten einer einseitigen Liebe	45
Keine Erlösung	30
Kinder-Ängste	24
Labyrinth des Herzens	44
Launisches Wetter	92
Lebenskarussel	78
Marienvogelflug	82
Meine Sicht - Deine Sicht	73
Mit dem Rücken zur Wand	31
Morgen	72
Nach dem Abschied	35
Nach dem Bruch	32
Nachtgedanken	47
No Risk, No Fun	12
Nur ein einziges Mal	42
Oktobermelancholie	26
Ping-Pong	49
Realität oder Was schmerzt	22
Rosenmontag	50
Schlaflose Nacht	41

Titel	Seite
Schuldig	48
Sintflut	18
Spätherbst I	86
Spätherbst II	87
Stagnation	13
Stormy Weather	25
Subtraktion I	80
Subtraktion II	81
Suchen	62
The End of the Affair	23
Touché	70
Trauerzeit für eine gestorbene Liebe	33
Trau dich	15
Treue-Bruch	64
Verspätete Einsicht oder Mein und Dein	63
Vor dem Aufbruch	61
Wieviel ist genug?	56
Wind of Change	94
Wintertag	79
Wovor ich mich fürchte	20
Wut	29
Zwischenbilanz	14
Zwischenraum	52